PRÉFACE

DE L'HISTOIRE,

QUI SE FAIT.

PARIS. — IMPRIMERIE-LIBRAIRIE DE G.-A. DENTU,
RUE D'ERFURTH, N° 1 bis.

PRÉFACE

DE

L'HISTOIRE,

QUI SE FAIT.

PAR LE MARQUIS DE BARTILLAT.

> « Ne suis aspre à aulcuns hommes ; ains à mau-
> « vais princilpes. Si victupère ceulx-ci, plainct les
> « aultres de faillir en doctes advis et bastantes ha-
> « biletés. »
>
> (FROISSART

A PARIS,

CHEZ G.-A. DENTU, IMPRIMEUR-LIBRAIRE,

rue d'Erfurth, n° 1 *bis* ;

ET PALAIS-ROYAL, GALERIE D'ORLÉANS, N° 13.

1832.

Avant-propos.

Il y avait autrefois des misanthropes, gente grossière, brutale, disant à chacun son fait et jouant même des mains contre qui s'en choquait. Maintenant, nos mœurs sont devenues si douces, qu'on ne s'injurie plus que dans les assemblées représentatives, et qu'on ne se livre plus à l'exercice du pugilat qu'au congrès d'Amérique, gouvernement modèle, qui conserve la pureté primitive des formes délibérantes.

De nos jours, s'il se trouve par hasard un misanthrope, il ne vous dit pas brusquement : « Citoyen, votre habit est trop grand pour vo- « tre taille, votre chapeau ne tient pas sur vo- « tre tête, vos bottes sont crottées, etc. » Il vous présente poliment un miroir; il s'en rapporte à votre conscience, à votre discernement pour faire l'inspection de vous-même : c'est la philanthropie dans toute sa bienveillance.

En lisant cette Préface, on dira quelle singularité de n'appartenir à aucune coterie! quelle bizarrie de montrer les faits comme ils sont, sans couleur de parti, avec ce vieux patriotisme dont il ne reste plus que le nom prostitué! On sait parfaitement que personne ne nous en tiendra compte; mais pas un industriel ne prendra cette franchise pour une spéculation.

........Mes compatriotes comprendront, dans les émotions françaises que fait naître la situation actuelle de la patrie, qu'on soit entraîné à examiner comment une révolution subite, extraordinaire, détruisit en trois jours un gouvernement établi. Ils comprendront également qu'on ait voulu approfondir comment le gouvernement nouvellement institué pouvait et devait adopter le système de replacement et de reconstruction ; comment il pouvait arrêter pour toujours le système de destruction et de déplacement, qui depuis quarante-deux ans met en péril l'ordre social et la France, et l'empêche de conserver aucune colonie, aucune conquête.

L'esprit de faction a envahi la France le jour où la main puissante de Bonaparte s'est retirée d'elle. Aucune impulsion d'amour de la patrie n'a depuis dominé, mais bien les impressions de la vanité et l'appât des intérêts matériels. Chacun a appelé l'ordre à son profit; chacun, pour s'élever, a prêché la confusion par égoïsme. Des milliers de demandes par dixaine d'emplois, la volonté de la licence pour s'affranchir de toute obligation, telle était la morale que la restauration laissa établir en France. Cet encouragement à la perversité donna naissance à une conspiration permanente, universelle, individuelle. On ne voulait pas de ce qui était. Chacun avait son mode de gouvernement, la pensée d'en être le primat. C'était le saint-simonisme politique, divisé, réparti en coteries, en fractions. Au fait, personne ne savait ce qu'il voulait. C'était la devise du baron de Fœneste : *Etre* ou *paraître*.

Une série de médiocrités ministérielles se succédait, boulait, croulait sans léguer la moindre sécurité à l'Etat. Une prospérité matérielle, fruit de la paix après de longues guerres et tant de discordes civiles, s'était, pour ainsi dire, créée toute seule. Mais, sans direction comme sans limites, elle commençait à trouver des revers dans son anarchie, comme le gouvernement rencontra dans la sienne des dangers qu'il osa aborder sans savoir les combattre. Sa situation était d'autant plus déplorable, que la prévoyance et l'habileté des ministres n'avaient tendu qu'à diviser le parti royaliste, au lieu de réunir toutes les opinions; seul moyen d'étouffer les germes de troubles, et de fonder dans un pays un esprit public et national.

Charles X, comprenant les périls qui le menaçaient, se vit dans la nécessité de lutter pour sa conservation et pour le salut de la monarchie; mais il ne calcula pas l'étendue du mal moral, et avec quelle justesse de discernement il fallait recourir à l'emploi de la force.

Le parti le plus prudent et le plus favorable était de se préparer à se défendre; d'être fort, et de voir venir.

On fit un manifeste, en disséminant la garde, en abandonnant le trésor, et sans donner d'ordres à l'armée, qui devait le soutenir. On crut ne trouver qu'une émeute, et on frémit en apercevant derrière une révolution. On n'avait pas montré de tête dans la conception de ce coup d'État improvisé; on en serait sorti avec de la résolution; mais la peur avait gagné tous les esprits. On crut qu'abdiquer était la seule ressource. On présenta comme conciliation et comme réconciliation, un enfant sans reproche, l'enfant de huit cents ans de monarchie.

Mais la révolte était une spéculation; c'était l'industrie en trois branches, qui faisait une affaire; la presse calomnieuse, agressive, sans frein, la chicane et l'agiotage. La France devait être jouée contre les éventualités bénéficiaires de cette triple combinaison. La vanité en était le mobile, depuis sa conversion en phrases et en argent.

On rejeta donc l'orphelin; on joua la royauté à la Bourse. On joue les forêts de l'État et les faux procès de la liste civile au Palais-de-Justice. On joue tous les jours chez l'imprimeur, non la liberté de la parole, mais son dévergondage. Puis tous les génies de l'écritoire se sont partagé les emplois, avec, comme chacun sait, la plus complète incapacité de les remplir.

Sans hiérarchie, sans bornes dans les prétentions, quel état social est possible ? Les mérites transcendans prennent toujours leur niveau dans les gouvernemens réguliers et dans les grandes révolutions. Ce n'est que dans les temps de *fronde* qu'ils sont rejetés, parce qu'ils sont contraires au désordre ; et quand la sottise prévaut, elle essaie, pour se venger d'elle-même, d'humilier le talent.

Le tumulte des grandes journées de juillet établit un simulacre de gouvernement. On déclara la souveraineté du peuple, comme jadis on a fait une déclaration des droits de l'homme. On y voulut voir un grand pas vers la *perfectibilité humaine*, tandis qu'on avait seulement ajouté un chapitre à la démence des élucubrations populaires. On s'empressa de se dérober au péril imminent d'exposer la société à se modifier de nouveau dans le moule des barricades. On inventa le système passager du 13 mars. C'était avoir la présence d'esprit du moment ; mais il était clair, pour tout homme doué d'un jugement ordinaire, que ce ne pouvait être qu'un état transitoire.

Ce système se décomposait à vue d'œil. Il avait

usé son exécuteur; et tous deux n'étaient plus politiquement viables, à la mort de M. Périer.

La presse, le crayon, les émeutes et les chansons avaient tout tué, tout avili. La royauté, le ministère, les fonctions publiques n'étaient qu'une parade pour la multitude et un rôle pour les personnes. On croyait avoir le droit de les siffler, comme la pièce, si on était mécontent du débit et des gestes ou de la composition.

Pendant que toutes les bases du pouvoir tombaient en ruines, tandis que chacun se disputait les lambeaux d'un gouvernement sans autorité et sans respect, que le champ clos de l'écritoire avait ouvert sa lice à toute la chevalerie de la plume, il s'apprêtait deux tournois bien plus importans dans leurs conséquences.

Tous les partis sont pressés de jouir; mais les impatiens ont plus perdu de causes qu'ils n'en ont gagné.

Mme la duchesse de Berry apprend dans son exil toutes les misères que souffre la France. Elle a l'âme d'une mère, le courage d'un chevalier. Elle pense qu'en se montrant, l'énergie d'une femme va réveiller l'enthousiasme généreux, les souvenirs romanesques du moyen âge ; qu'un noble battement animera tous les cœurs, soulèvera tous les dévouemens. Elle se rappelle le prince Charles-Édouard, descendant lui septième à Moydart, et au moment de triompher à Derby, sans l'obstination de quelques chefs montagnards qui entraînèrent sa fatale retraite.

Mais, ou trompée par de faux rapports, ou dans la témérité d'une confiance aveugle en sa fortune, elle regarde les conseils prudens de ses amis comme un acte de timidité. Elle se précipite dans une entreprise mal ourdie. Elle se reporte à ces temps fabuleux de la première Vendée attaquant et enlevant les canons ennemis avec des bâtons. Elle oublie combien d'évènemens ont altéré l'empreinte religieuse et le caractère toujours fidèle et belliqueux de cette époque. Elle ne pense pas que le parti royaliste, bien qu'il soit nombreux, est faible par ses divisions ; qu'il fallait avant tout effort de ce genre, le réunir vers un but uniforme, le rallier, le préparer ; attendre les auxiliaires, que les fautes du gouvernement et les calamités multipliaient chaque jour ; surtout qu'il fallait écarter les hommes qui, ayant laissé périr la monarchie, ne pouvaient pas faire plus, puisqu'ils n'avaient pas su faire moins. Elle vient! et, souvenir mémorable pour le nom Français! elle trouve des appuis dans des cœurs désintéressés, même de l'espérance. Sans chance de succès, on veut tenter de vaincre pour celle qu'on voit résolue de mourir avec ses défenseurs. Il sera honoré ce dévouement, comme celui des chefs écossais : car il fut pur de toute ambition comme de tout intérêt. C'était la résignation de la vaillance.

La France se glorifiera aussi de n'avoir trouvé dans aucun parti, ni délateur ni traître à l'infortune. Et si, comme le Prétendant, vaincue, fugitive, poursuivie, Mme la duchesse de Berry eût dû son salut à un voleur, il eût sans doute été aussi fier que l'Écossais, lorsque réduit à mendier, il ne présentait jamais à l'aumône la main que son roi reconnaissant avait serrée. Cette princesse a fait un rêve de gloire; la postérité en fera un roman d'honneur et de chevalerie, qui n'absoudra pas plus la faute politique que ses résultats désastreux.

En même temps, le parti républicain essayait

aussi ses forces, sans que sa détermination lui présentât de meilleures chances. La bravoure avec laquelle il a combattu, l'opiniâtreté de sa résistance prévaudront dans l'histoire sur les souvenirs du but qu'on lui suppose.

Cet éclair de guerre civile, venant remplacer l'émeute, força le gouvernement de laisser reposer la légalité, de suspendre les ennuyeux plaidoyers des légistes amis ou ennemis. Il fallut en appeler à la raison du sabre. C'est une ère nouvelle, une véritable révolution.

Maintenant, qu'en fera-t-on ?

Charles X est justifié du principe de ses ordonnances ; il n'encoure d'autre blâme que celui de n'avoir pas su réussir.

Mais s'il eût triomphé, il ne pouvait rétrograder que sur lui-même. Son point d'arrêt était le système de 1815. Et le gouvernement actuel ne peut s'arrêter qu'aux Constitutions de l'Empire. Cette nécessité lui est imposée par la nature des évènemens, par ses rapports européens, par l'instinct de sa conservation ; et s'il ne l'ose, ne le sait ou ne le peut, il rentre dans les conditions destructives de tout ce qui l'a précédé.

On va dire pourquoi ?

Depuis quarante-deux ans, on n'a vécu que de Constitutions et de bouleversemens; on n'a travaillé qu'à relâcher ou à briser tous les liens sociaux. La France n'a été qu'un immense bazar, où tout se mettait à l'encan : hommes, principes, corps et biens.

Le seul homme qui ait compris son époque fut Bonaparte. Il avait l'ascendant de son génie et de son épée; il les employa pour recomposer la société; il put la faire neuve, et il la refit. Il jeta les fondemens de toutes les institutions; et par leur pente naturelle, elles seraient devenues des libertés provinciales, sous le patronage des grandes influences qu'il s'était plu à élever. Son Code civil, son Concordat, ses majorats étaient les bases de la justice, de la direction religieuse et de la sécurité des familles; mais son grand art fut d'introduire si bien sa législation dans les habitudes, qu'il put la faire passer dans les mœurs.

La restauration devait hériter de l'Empire. Elle y trouvait un pouvoir tout fait, un pouvoir respecté, et ralliant ses partisans à un système fort et éprouvé; on n'avait qu'à jouir de cette substitution, qui comportait parfaitement de larges franchises provinciales et municipales. Tout pouvoir absolu tend toujours vers cette concession; mais il ne doit la faire qu'étant assez fort pour ne pas la craindre, et la nation assez calme et heureuse pour n'en point abuser.

Point du tout. Comme les nouveautés sont toujours plus profitables à l'intrigue, on inventa la Charte. C'était une faute : car c'était un changement brusque dans les habitudes et dans les mœurs. On cria à l'inconséquence; beaucoup à l'hypocrisie. On dégrada les caractères; on ridiculisa les sentimens les plus nobles; et on finit par se moquer de la fidélité, comme si on avait l'assurance de n'en avoir jamais besoin.

C'est cette société ainsi dégénérée que trouva le gouvernement de juillet; et il fut contraint de la prendre ainsi faite, à deux ou trois échelons plus bas.

Bonaparte disait : « La plus grande recon-
« naissance que me doit le France, est de l'avoir
« débarrassée du joug des avocats et des finan-
« ciers. »

La restauration a commencé à leur rendre de l'influence ; le système Périer leur a donné la suprématie.

L'intervention militaire a tout à fait changé la question. Le gouvernement, qui a la preuve qu'il était dans une voie de bouleversement, va-t-il s'efforcer d'en sortir ? en a-t-il l'énergie et le talent ? Comprend-il que la société est à renouveler comme au temps de Bonaparte ? En prenant des mesures despotiques, il a renoncé à la royauté, acceptée comme mandat populaire. Il s'est déclaré usurpateur du pouvoir, et il faut subir les conséquences de cette nouvelle qualification. Quand on est sorti de la légalité, c'est une grave erreur de penser qu'on peut impunément rétrograder. Une souveraineté nouvelle n'est d'ailleurs affermie qu'après avoir été souvent forcée de jouer le *va-tout* de sa fortune. Bonaparte en est l'exemple le plus récent. Et s'il se fût courbé sous les exigences populaires, une chute honteuse eût été le résultat de sa pusillanimité. Dès qu'on a osé, il faut périr ou marcher en avant; et telles sont les chances de la faiblesse, que souvent entraînée, en dépit d'elle-même, à devenir hardie, téméraire même, il faut qu'elle s'anéantisse ou se sauve par ses propres excès.

La grande difficulté de la situation présente est de se constituer dans son chef les diverses parties de son administration; d'établir des nuances sociales, seule aristocratie possible, et dont l'ordre public ne saurait se passer. Quand tout est renversé, il faut remplacer. La jalousie, la cupidité, l'ambition s'élèvent de toutes parts contre les illustrations, n'importe leur époque. Pourquoi? parce que c'est la seule chose qu'on ne puisse se procurer avec des écus ou par l'intrigue. Tout homme qui sait coudre des phrases dans un journal, dans un pamphlet, ou entasser des mots dans un discours, se croit un homme d'Etat. Qui ne peut avoir cette prétention, de nos jours? Le talent et l'esprit sont maintenant sous l'empire de la loi agraire; et c'est cette répartition qui fait qu'il y a si peu d'hommes, si peu de capacités. On les a relégués avec l'expérience et les principes. Il n'y a plus de champ ouvert qu'à la métaphysique des idées et à l'influence des intérêts personnels; et encore, à ceux du moment.

La société est donc à reconstruire en entier;

et on n'y parvient qu'en forçant les intérêts privés à se soumettre à la régularité, à l'ordre nécessaires à la solidité des institutions, et à sacrifier toutes les vaines théories au bien et au repos de tous.

L'égalité devant la loi est le droit commun ; mais les inégalités sont le droit social. Or, si vous le rejetez dans un de ses degrés, il faut le condamner pour tous : et alors, ce n'est ni royauté ni république ; c'est l'anarchie complète.

Mais ce n'est pas seulement en France que le gouvernement doit trouver les élémens de sa force ou les dangers de sa faiblesse.

L'Europe, dans la pensée de sa conservation, lui sacrifierait le droit, le principe peut-être de la légitimité : elle ne verrait volontiers, pour éviter des frais de guerre, qu'une querelle de dynastie ; mais il faut qu'elle ne puisse regretter au-delà. Profitant des dissentions qui annulent la France, l'Europe se hâte d'étouffer chez elle la liberté de la presse, d'anéantir les sociétés secrètes. Délivrée de ces sujets de crainte, elle eût applaudi à la vigueur qui aurait fait rentrer la France dans des conditions analogues à l'esprit

des autres États; mais si elle revient à son système bâtard et impossible, elle forcera l'Europe
à se faire attaquer. Ce ne sera plus une question
de personnes, mais une question de principes;
et comme on aura détruit toute faculté de faire
de l'enthousiasme général, on se sera dépouillé
du plus puissant mobile de succès, et peut-être
de résistance.

En résumé, les coups d'État affermissent ou
affaiblissent les empires.

Celui-ci est un coup d'épuisement. Le désordre et l'insubordination sont dans toutes les
écoles comme dans les têtes les plus mûres. Déjà
l'autorité est au-dessous de son existence avant
le 7 juin; elle aura dressé elle-même la teneur
de son acte d'accusation. On l'accusera *de n'a-
voir pas eu le courage et la science de saisir
l'occasion de devenir puissante;* car un prince
qui accepte la souveraineté à des conditions qui
en rendent l'exercice impossible, doit les chan-
ger par son habileté, sinon de grands revers doivent être le châtiment de cette faute capitale.

Qu'on absolve donc la restauration, puisqu'on
a fait plus de mal en tout point. Elle s'est sou-

vent trompée dans le choix de ses hommes ; elle n'a pas compris les nécessités de sa position. Elle a ignoré que le crédit qu'on accorde aux grandes notabilités ne peut plus être un danger, mais est aujourd'hui un appui nécessaire ; que si Louis XI et le cardinal de Richelieu revenaient au monde, leur politique serait de contenir les petits. Si la restauration a fait des fautes, la révolution de juillet n'a rien su du tout ; elle n'a profité ni de l'expérience du passé ni des chances du présent.

Il est démontré que la branche aînée des Bourbons pouvait donner un gouvernement modéré et cependant fort. Elle pouvait recréer des libertés et des franchises provinciales, parce qu'elle avait pour élémens de cette organisation les hommes de ces principes, et que ces principes faisaient partie de son existence.

Mais le gouvernement actuel, balotté par des tourmentes continuelles, ayant répudié son origine, disons plus, toute origine, ne végétant par conséquent que de contrastes et de transitions, n'ayant que des hommes incertains de tout, spéculatifs et de la plus présomptueuse inexpépérience, ne peut se soutenir que par la centralisation et l'absolutisme ; car la légalité le tuait ; et maintenant, l'impuissant essai de ses forces lui présage des résultats plus funestes que sa triste victoire ne lui avait donné d'espérances.

Les mesures inconsidérées, la France soumise à l'inquisition politique, et devenant une vaste geole où l'on entasse toutes les célébrités et tous les courages, sont un état de tyrannie qui ne peut durer ; d'abord, parce qu'on n'a pas su faire peur ; que si l'on disait comme Danton : « Ces « gueux d'honnêtes gens ! » en les faisant assassiner, on couperait des têtes ; mais l'on ne ferait que des martyrs intrépides. Et l'on sait ce que coûte *le champ du sang !*

Bonaparte inspirait le respect et la crainte, parce qu'il y avait un fond d'admiration pour sa gloire, pour ses talens, qu'il était le protecteur des lois. Et quand il prenait une mesure exceptionelle, il fallait une grande nécessité de bien public : loin de son profond jugement étaient donc ces vexations mesquines, ces abus intolérables de pouvoir, apanage de la faiblesse, et qui sont plus fatales encore à l'autorité qu'à ceux qu'elle opprime.

Mais cet aperçu suffit au lecteur qui le voudra méditer. L'intelligence ne doit pas aimer les commentaires tout faits.

Une belle campagne au - delà des Pyrénées, une intervention peu calculée en Grèce, mais remarquable par le combat naval de Navarin, la conquête d'Alger, seront des titres européens pour la restauration. On déplore, sans les discuter, quelques exécutions, quelques réactions de parti qu'on lui reproche, et qui sont inséparables de toutes les mutations de gouvernement; mais elle ne fit pas ses seuls fastes militaires et administratifs du sang français répandu, comme la révolution de juillet. Avouons cependant que le ministère est moins cruel par nature ou par calcul que par ignorance et par passion. Il s'est battu sur toute la surface de la France; il a tué, ravagé faute de savoir réfléchir, raisonner, exécuter. Avec une capacité ordinaire, l'habitude des affaires, la connaissance des hommes, de la droiture et des administrateurs sages et dociles, Lyon fût resté paisible, et la Vendée n'aurait pas eu la pensée de prendre les armes. Mais la médiocrité ne sait faire que de l'esprit de parti, il n'y a que le talent qui ait l'esprit de patrie. S'appuyant sur des préjugés populaires, stupides, les accréditant, le ministère a cru n'enfanter que des inimitiés favorables à sa cause. Il ne comprend pas que le jour où il restera seul, face à face de ses mauvais principes, il en deviendra nécessairement la victime. Son plus implacable, son plus dangereux ennemi, c'est lui-même.

Telle est l'esquisse des folies de deux ans. Chacun a voulu se grandir, renverser pour prendre la place occupée. Situation éphémère que l'on a souvent payée d'un état fixe, certain, durable. Mais toutes les saturnales ont un terme, et le repos est un des besoins qui succèdent à l'orgie. La nation française avec son esprit, sa légèreté, son inconséquence, a prouvé ce qu'elle était, abandonnée à elle-même, courageuse ou servile, grande ou avilie, généreuse ou féroce; enfin ce peuple de contrastes a été alternativement aux nues ou dans le ruisseau. Telle sera toujours sa destinée, lorsqu'il ne sera pas guidé dans une voie honorable, par un chef qui sache lui imposer, s'en faire respecter, le diriger et le maintenir.

En passant en revue deux ans de fautes, on a prouvé ce que devait faire le gouvernement ; mais on a également démontré qu'il est interdit d'oser, quand on entreprend sans résolution, sans ténacité et sans expérience. Puis, on en a conclu que le pouvoir accepté à des conditions impossibles, se traîne au milieu du désordre, veut, craint, avance, recule et finit par s'abîmer dans une catastrophe imprévue.

Le ministère vient de donner une revanche complète à tous les partis. Ils doivent le remercier ; il est impossible de s'être montré plus beau joueur.

Avec les chances les plus favorables et les plus inespérées, ce ministère les a si peu comprises, qu'il les a passées toutes à ses adversaires. Il a paru aussi surpris des conséquences de sa confiante présomption, que s'il avait eu le pouvoir du commandement, et l'habitude de trouver l'obéissance.

Mais le même jour où les conseils de guerre continuaient leurs condamnations, la Cour de cassation anéantissait le droit des tribunaux et des mesures d'exception. Elle avait raison sous le point de vue légal, elle excédait ses attributions sous le rapport politique; mais quand toutes les idées sont déplacées, tout le monde sort des bornes qui lui sont imposées.

Toutes les oppositions ont chanté victoire, sans réfléchir qu'appelées à recueillir l'héritage d'un pouvoir qui se détruit lui-même, elles ne pourront prendre cette succession que sous bénéfice d'inventaire; car où trouveront-elles les moyens de régler une société accoutumée à l'anarchie, et qui regarde le désordre comme une émotion nécessaire?

Le gouvernement s'est mis en pleine retraite. Après avoir proclamé la nécessité de sortir de la légalité pour sa propre défense, contraint par son inhabileté d'y rentrer, il avoue plus que la fragilité de son existence.

Le ministère, par un rapport qui trahit son

embarras et sa faiblesse, cherche en vain par une humble concession à dissimuler cette défaite. Elle est immense, parce qu'elle recommence cette lutte inégale de légalité qui a renversé Charles X.

Joué par un de ses principaux auxiliaires, on le repousse comme défectionnaire, puis on le caresse, on l'implore comme un Jupiter sauveur. Plaisant Jupiter!.... Singulier ministère, qui au bout de deux mois d'émancipation, n'a plus d'autre ressource que de courir après une nouvelle servitude.

Et que fera la France de ce nouveau maître? Est-elle donc tombée si bas qu'elle doive subir tous les genres de dégradation? Il n'y aura jamais de durable pour elle que ce qui s'appuiera sur la gloire et sur l'honneur.

Ainsi a fini le système du 13 mars; encore plus rapidement l'essai du 7 juin. Amis, ennemis, chacun voit s'ouvrir pour la France une vaste période de confusion et d'anarchie. Et tout le monde est frappé d'un danger imminent, formidable, dont personne ne saurait présager toutes les fatalités.

On s'est abstenu de développer ici les rapports politiques de la France avec les cours étrangères, et les rapports de ces cours entre elles. La politique de l'Europe, active dans chaque Etat, est purement intellectuelle et expectante, quant à nous. Elle est en *arrêt* sur chaque évènement. Elle en a jusqu'à présent retiré tous les avantages; et elle doit continuer son rôle d'observation, tant qu'elle trouvera plus de bénéfice à attendre qu'à agir.

Le gouvernement, avec ses institutions républicaines et ses niveleurs, sa volonté et celle de la majorité de la France d'être monarchie, et les hommes qu'il emploie, forme un assemblage de contre-sens dont pas une puissance humaine ou infernale ne saurait faire une unité. Il est des situations qui portent en elles-mêmes leur horoscope. Et s'il est évident que les moteurs principaux sont au-dessous des résistances qu'ils ont à combattre, on n'a plus besoin de prévoir l'incident qui détruira l'appareil.

On se gardera maintenant de nous répéter la saillie spirituelle et si fameuse de M. de Chauvelin : « Le peuple a abdiqué. » Personne n'abdique qu'avec une restriction mentale. La sécurité ne se fonde pas sur un bon mot, mais sur le bon sens : les journées de juillet, celles de juin l'ont prouvé. L'*avenir est gros* de nouvelles démonstrations ; et le gouvernement doit tardivement comprendre qu'il a trop fait, ou pas assez.

FIN.